„PYTHON VERÖFFENTLICHT: WERDEN SIE DER BESTE IN DER PROGRAMMIERUNG"

Inhalt

Nach vorne

Python ist eine flexible und beliebte Programmiersprache, die sowohl auf globaler als auch auf lokaler Ebene grenzenlosen Nutzen erlangt hat, was sie zu einer guten Wahl für Menschen in verschiedenen Bereichen macht, darunter auch Autoren und Autoren wie Sie. In diesem von Menschen verfassten Text geben wir einen Prolog zu Python, untersuchen die Begründungen dafür, warum das Erlernen von Python wertvoll sein kann, und führen Sie durch die

5

Einrichtung Ihrer Python-Umgebung.

Was ist Python?

Python ist eine unbestreitbare, entschlüsselte Programmiersprache, die für ihre Aussagekraft und Geradlinigkeit bekannt ist. Es wurde von Guido van Rossum erstellt und erstmals 1991 veröffentlicht. Python ist für seine makellose und unkomplizierte Satzstruktur bekannt, die der englischen Sprache ähnelt. Dies stellt für Einsteiger und erfahrene Entwickler gleichermaßen eine außergewöhnliche Entscheidung dar.

Python ist eine Open-Source-Sprache, und das bedeutet, dass sie von jedem uneingeschränkt genutzt und verbreitet werden kann. Es verfügt über eine riesige und dynamische lokale Gruppe von

Designern, die ständig zur Entwicklung beitragen und eine breite Bibliothek von Modulen und Bundles für verschiedene Zwecke hervorbringen.

Warum Python lernen?
Als Essayist und Verleger gibt es einige überzeugende Begründungen dafür, warum das Erlernen von Python hilfreich sein kann:

Langweilige Unternehmungen mechanisieren: Mit Python können Sie mühsame und langweilige Besorgungen wie die Weitergabe von Informationen, das Aufzeichnen der Tafel und die Textverarbeitung computerisieren. Dadurch können Sie Zeit für weitere innovative Vorhaben sparen.

Untersuchung und Darstellung von Informationen: Python verfügt über leistungsstarke Bibliotheken wie Pandas, NumPy und Matplotlib , die es Ihnen ermöglichen, Informationen aufzuschlüsseln und Darstellungen zu erstellen, die für die Erkundung und Inhaltserstellung von Bedeutung sein können.

Django und Cup verwendet werden und unterstützt Sie bei der Erstellung von Websites und Online-Phasen, um Ihre Arbeit voranzutreiben.

Normal Language Handling (NLP): Pythons NLP-Bibliotheken wie NLTK und spaCy sind erstaunliche Tools für die Nachrichtenprüfung, Meinungsforschung und Sprachverarbeitung, die für

Wissenschaftler und Entwickler von Bedeutung sein können.

Bühnenübergreifende Ähnlichkeit: Python ist auf verschiedenen Bühnen zugänglich und garantiert so, dass Ihre Arbeit einem breiten Publikum zugänglich ist.

Python-Klima einrichten

Um mit Python alles zum Laufen zu bringen, müssen Sie Ihr Python-Klima einrichten. Hier sind die grundlegenden Phasen:

Lernressourcen: Untersuchen Sie Online-Lehrübungen, Bücher und Kurse zum Erlernen von Python. Ziehen Sie Plattformen wie Codecademy , Coursera oder edX in Betracht , die umfassende Python-Kurse anbieten.

Übung: Beginnen Sie mit dem Verfassen von Python-Code, um Ihre Erkenntnisse zu üben und zu untermauern. Die intuitive Natur von Python macht es zu einer außergewöhnlichen Sprache zum Lernen durch Versuch und Irrtum.

Alles in allem ist Python eine flexible Programmiersprache, die Autoren und Entwicklern enorm helfen kann, indem sie Mechanisierungskapazitäten, Informationsanalysetools und Möglichkeiten zur Webverbesserung bietet, und von da an sind keine Grenzen mehr gesetzt. Das Einrichten Ihrer Python-Umgebung ist der wichtigste Schritt, um die Möglichkeiten von Python zur Verbesserung Ihrer Arbeit und Effizienz zu nutzen. Fordern Sie weitere eindeutige Feinheiten oder Hilfe zu jedem Teil von Python an, den Sie möglicherweise weiter untersuchen möchten.

Mit Python alles in Bewegung bringen:

Python ist eine anpassungsfähige und umfassend einsetzbare Programmiersprache. Sein perfektes und leicht verständliches etymologisches Design macht es zu einer unglaublichen Wahl für Jugendliche. Um zu beginnen, muss Python auf Ihrem PC installiert sein. Sie können es von der Power-Python-Webseite (python.org) herunterladen.

Ihr wichtigstes Python-Programm:

Könnten wir damit beginnen, Ihr erstes Python-Programm zu erstellen? Öffnen Sie ein Textverarbeitungsprogramm (z. B. Journal) und erstellen Sie einen weiteren Datensatz mit der Erweiterung „.py " . Sie können es beispielsweise „my_first_program.py" nennen.

In dieser Aufnahme können Sie mit einem wesentlichen „Hello there, World!" beginnen.

Python

Code kopieren

```
print("Hallo Welt!")
```

Speichern Sie das Archiv und öffnen Sie Ihr Terminal oder fordern Sie Briefing an. Untersuchen Sie den Umschlag, in dem Sie Ihren Python-Bericht gespeichert haben, und führen Sie ihn mit der folgenden Anforderung aus:

Code kopieren

```
Python my_first_program.py
```

Sie werden das Ergebnis „Hey, World!" sehen. auf Ihrem

Bildschirm. Glückwunsch! Sie haben in letzter Zeit Ihr wichtigstes Python-Programm ausgeführt.

Elemente und Datentypen:

Mit Python können Sie mit verschiedenen Datentypen arbeiten, zum Beispiel Zahlen, Gleitkommazahlen, Zeichenfolgen, und ab diesem Zeitpunkt ist alles möglich. Auf ähnliche Weise können Sie Variablen zum Speichern von Daten darstellen.

Hier ist ein Beispiel für die Beschreibung von Elementen und die Darstellung ihrer Eigenschaften:

Python
Code kopieren
```python
# Elemente und Datentypen
Alter = 30 # eine ganze Zahl
Level = 1,75 # ein Schwimmer
name = "John" # eine Zeichenfolge

# Druckfaktoren
```

```python
print("Name:", Name)
print("Alter:", Alter)
print("Höhe:", Ebene)
```

Dieser Code stellt Faktoren für Alter, Stufe und Name dar und gibt deren Eigenschaften aus.

Wichtige Daten und Ergebnisse:

Darüber hinaus ermöglicht Python eine Beziehung zum Client über Daten und Ergebnisse. Sie können die Kapazität „information()" verwenden, um Clientdaten abzurufen, und „print()", um Informationen anzuzeigen.

Hier ist ein Modell:

Python
Code kopieren

Dies sind nur die wirklichen Grundlagen der Python-Programmierung. Wenn Sie tiefer in Python eintauchen, können Sie weitere rätselhafte Themen und Bibliotheken für verschiedene Anwendungen erkunden, darunter Datenbewertung und Webentwicklung, und das ist nur ein kleiner Einblick in etwas Größeres. Ein anpassungsfähiges Gerät kann Ihr Stück auf den Kopf stellen und Grenzen sprengen, indem es Aufgaben motorisiert und Daten analysiert, um ehrlich zu sein

.

Restriktive Erklärungen (if, elif , else)

Bedingte Proklamationen werden verwendet, um Entscheidungen in Ihrem Code zu unterstützen. Sie ermöglichen Ihnen die Ausführung verschiedener Codeblöcke unter Berücksichtigung bestimmter Umstände. Hier ist eine Übersicht:

if-Proklamation: Sie prüft tatsächlich eine Bedingung und führt einen Codeblock aus, falls die Bedingung gültig ist. Zum Beispiel:

Python
Doppelter Code
wenn Bedingung:
Code, der unter der Annahme ausgeführt wird, dass die Bedingung gültig ist

elif- Proklamation: Bedeutet „sonst wenn." Es wird verwendet, um zusätzliche Umstände zu untersuchen , wenn die zugrunde liegende „Wenn"-Bedingung falsch ist. Zum Beispiel:

Python
Doppelter Code
für den Fall, dass Bedingung1:
# Code, der unter der Annahme ausgeführt werden soll, dass Bedingung1 gültig ist
elif Bedingung2:
# Code, der für den Fall ausgeführt wird, dass Bedingung2 gültig ist
Sonst-Artikulation: Dies wird mit einer „Wenn"-Proklamation verwendet, um Code auszuführen, vorausgesetzt, die zugrunde liegende Bedingung ist falsch. Zum Beispiel:

Python
Doppelter Code
für den Fall, dass Bedingung:
Code, der unter der Annahme ausgeführt wird, dass die Bedingung gültig ist
anders:
Code, der für den Fall ausgeführt wird, dass die Bedingung irreführend ist
3.2 Kreise (dafür und unter Berücksichtigung dessen)

Kreise werden mehrfach verwendet, um einen Codeblock erneut aufzubereiten. In Python gibt es zwei wesentliche Arten von Kreisen:

für Kreis: Es wird verwendet, wenn Sie eine Gruppierung (z. B. einen Überblick oder eine Reihe von Zahlen) hervorheben und für alles in der Folge einen ähnlichen Vorgang durchführen möchten. Zum Beispiel:

Python
Doppelter Code
für Sache nacheinander:
# Code, der für alles in der Gruppierung ausgeführt werden soll
while-Kreis: Dieser Kreis wird so lange ausgeführt, bis eine bestimmte Bedingung gültig ist. Es wird nicht unerwartet verwendet, wenn Sie nicht die geringste Ahnung haben, wie oft Sie einen Codeblock wirklich aufwärmen müssen. Zum Beispiel:

Python
Doppelter Code
while-Bedingung:

Code, der ausgeführt werden soll, solange die Bedingung gültig ist

Steuern Sie Stream-Aktivitäten

Um diese Ideen zu dominieren, können Sie mit Übungen proben. Hier ein paar Modelle:

Erstellen Sie ein Python-Programm, das mithilfe restriktiver Proklamationen prüft, ob eine bestimmte Zahl gerade oder ungerade ist.

Erstellen Sie einen Kreis, der die Zahlen von 1 bis 10 ausgibt, indem Sie einen Kreis verwenden.

Fördern Sie ein Programm, das den Kunden auffordert, sein Alter anhand eines Zeitrahmens einzugeben. Fragen Sie weiter, bis sie ein zulässiges Alter erreichen (z. B. irgendwo zwischen 1 und 100).

Diese Aktivitäten werden Ihnen dabei helfen, Ihre Kenntnisse im Bereich Steuerungsstromdesigns zu verbessern und Ihre Programmierfähigkeiten zu verbessern.

Fordern Sie weitere Feinheiten oder Modelle im Zusammenhang mit diesen Ideen oder bestimmten Aktivitäten an, die Sie möglicherweise weiter untersuchen möchten.

Python bietet einige zugrunde liegende Informationsstrukturen, die jeweils einen bestimmten Bedarf erfüllen:

- Listen: Datensätze sind angeforderte Zusammenstellungen von Dingen und können verschiedene Informationstypen speichern. Sie werden durch quadratische Abschnitte gekennzeichnet, zum Beispiel [1, 2, 3]. Datensätze sind veränderbar, und das bedeutet, dass Sie Komponenten hinzufügen, entfernen oder ändern können.

- Tupel: Tupel sind wie Datensätze, dennoch sind sie dauerhaft, was bedeutet, dass ihre Komponenten nach der Erstellung nicht geändert werden können. Sie werden anhand von Beilagen charakterisiert, z. B. (1, 2, 3).

• Wörterbücher: Wortreferenzen nutzen Key-Esteem-Matches, um Informationen zu speichern. Sie sind von wellenförmigen Stützen umgeben und haben die Konfiguration {'key': ' value'}. Für schnelle Rückfragen sind Wortreferenzen besonders wertvoll.

• Sets: Sets sind ungeordnete Zusammenstellungen einzelner Komponenten. Sie werden durch wellenförmige Stützen oder den set()-Konstruktor gekennzeichnet. Zum Beispiel {1, 2, 3}.

- Strings: Strings sind Anordnungen von Zeichen. Sie sind ebenfalls eine Informationsstruktur in Python und können wie andere Informationsstrukturen gesteuert werden.

- Arrays: Python verfügt über ein Cluster-Modul, mit dem Sie Exponate erstellen und steuern können. Cluster sind speicherproduktiver als Datensätze und verwalten gleichzeitig riesige Datensätze eines einzelnen Informationstyps.

- Stapel und Linien: Dies sind dynamische Informationstypen, die mithilfe von Datensätzen ausgeführt werden können. Stapel folgen der LIFO-Richtlinie (Rearward In-First-Out), während

Linien der FIFO-Regel (Eariest In, Early Out) folgen.

• Verbundene Datensätze: Verbundene Datensätze sind eine grundlegende Informationsstruktur in der Softwareentwicklung. Sie bestehen aus miteinander verbundenen Hubs und können zur Ausführung verschiedener Informationsstrukturen wie Stapel, Linien verwendet werden, und von da an sind keine Grenzen mehr gesetzt.

• Bäume und Diagramme: Bäume und Diagramme sind fortschrittliche Informationsstrukturen. Bäume haben einen einzelnen Wurzelknotenpunkt mit untergeordneten Knotenpunkten, während Diagramme aus Knotenpunkten bestehen, die durch Kanten verbunden sind. Sie werden in vielen Anwendungen eingesetzt, einschließlich der Sortierung verschiedener Ebeneninformationen und der Organisationsanzeige.

• Benutzerdefinierte Informationsdesigns: Trotz impliziter Informationsstrukturen können Sie mit Python benutzerdefinierte Informationsstrukturen erstellen, die individuell an Ihre spezifischen Anforderungen angepasst sind. Dies kann durch Kurse und Artikel erreicht werden.

• Bei der Erläuterung von Informationsstrukturen ist es von

grundlegender Bedeutung, deren Qualitäten und Anwendungsfälle zu verstehen und Code-Anleitungen zur Darstellung ihrer Funktionsweise bereitzustellen. Sie können auch Berechnungen und Aufgaben im Zusammenhang mit jeder Informationsstruktur untersuchen. Diese elegante, kernige Methode wird Ihren Stoff lehrreich und anregend für Ihre Lektüre machen.

• Achten Sie darauf, Urheberrechtsverletzungen zu vermeiden, indem Sie auf Quellen verweisen, bei denen Sie Daten von anderen Journalisten verwenden, und geben Sie einzigartige Erfahrungen und Erläuterungen an, um Ihren Inhalt außergewöhnlich und wichtig zu machen.

Funktionen in Python:

Fähigkeiten sind entscheidende Strukturblöcke in Python. Betrachten Sie sie als wiederverwendbare Codeteile, die ein bestimmtes Vorhaben ausführen. Sie werden durch das Schlagwort „def" gekennzeichnet , gefolgt vom Funktionsnamen und den Anlagen. Hier ist ein grundlegendes Modell:

```
Python
Doppelter Code
auf jeden Fall grüßen(Name):
print("Hallo, " + Name)


grüße("Alice")
```

In diesem Modell charakterisieren wir eine Fähigkeitsbegrüßung, die einen Konflikt und einen Namen annimmt und ein „Hallo" ausgibt. Wenn wir „greet(„Alice") aufrufen, wird „Hi, Alice" ausgegeben.

Fähigkeiten können auch Werte zurückgeben. Zum Beispiel:

```python
Python
Doppelter Code
def add(a, b):
gib a + b zurück

Ergebnis = add(3, 4)
print(result) # Dadurch wird 7 gedruckt
```

Funktionen sind von entscheidender Bedeutung für die Codezuordnung, Wiederverwendbarkeit und die Aufrechterhaltung einer sauberen Codebasis.

Module in Python:

Module in Python sind Datensätze, die Python-Code enthalten. Sie können Fähigkeiten, Klassen und Faktoren charakterisieren. Die Standardbibliothek von Python besteht aus einer Reihe von Modulen, die eine große Anzahl von Funktionalitäten bieten. Sie können auch Ihre eigenen Module erstellen.

Wenn Sie beispielsweise ein Dokument namens my_module.py mit dem zugehörigen Inhalt haben:

Python
Doppelter Code
def say_hello (Name):
Geben Sie „Hallo" + Name zurück

meine_variable = 42

Sie können dieses Modul in ein anderes Python-Skript einbinden:

```python
Python
Doppelter Code
my_module importieren

result    =    my_module.say_hello("Bob")
print(result) # Dadurch wird „Hi, Sway" gedruckt.

print( my_module.my_variable ) # Dadurch wird 42 gedruckt
```

Module unterstützen Sie bei der Koordinierung von Code in isolierten Datensätzen, wodurch es einfacher wird, umfangreiche Aktivitäten zu überwachen und Code mit anderen zu teilen.

Nutzung der Funktionen von Modulen:

Sie können Funktionen auch in Modulen charakterisieren und in Ihrem Code verwenden. Wenn Sie beispielsweise ein Modul math_operations.py haben:

```
Python
Doppelter Code
def multiplizieren(a, b):
gib a * b zurück
```

Sie können diese Funktion in einen anderen Inhalt integrieren:

```
Python
Doppelter Code
math_operations importieren

Ergebnis                        =
math_operations.multiply (5, 6)
```

print(result) # Dadurch werden 30 gedruckt

Dies ist ein grundlegender Überblick über die Funktionen und Module in Python. Sie sind von grundlegender Bedeutung für die Erstellung koordinierter, wiederverwendbarer und kompetenter Codes. Als Essayist und Verfasser könnte es für Sie wertvoll sein, diese Ideen offensichtlich zu verstehen, während Sie Ihrem Publikum die Python-Programmierung erläutern. Klassen und Artikel:

In OOP ähnelt eine Klasse einem Diagramm oder einem Layout zum Erstellen von Objekten. Ein Element wiederum ist ein Fall einer Klasse. Betrachten Sie eine Klasse als ein Rezept und ein Produkt als das authentische Gericht, das nach diesem Rezept zubereitet wird.

Wir sollten tiefer in die kritischen Komponenten von OOP in Python eintauchen:

Kapselung: Diese Idee beinhaltet das Packen der Informationen (Credits) und der Strategien (Arbeiten), die mit den Informationen arbeiten, in einer einzelnen Einheit, die als Klasse bezeichnet wird. Dies trägt dazu bei, den zugehörigen Nutzen zusammenzuhalten und einen sauberen und koordinierten Code zu entwickeln.

Vererbung: Legacy ermöglicht einer Klasse, Eigenschaften und Techniken einer anderen Klasse zu erwerben. Dies fördert die Wiederverwendung von Code und die Erstellung zusätzlicher spezifischer Klassen. Sie können beispielsweise eine nicht-exklusive Klasse „Fahrzeug" haben und anschließend explizite Klassen wie „Fahrzeug" und „Fahrrad" erstellen, die Eigenschaften von der Klasse „Fahrzeug" übernehmen.

Polymorphismus: Hier geht es um die Fähigkeit verschiedener Klassen, als Fälle einer typischen Superklasse behandelt zu werden. Es ermöglicht Ihnen, konventionelleren Code zu verfassen, der mit verschiedenen Arten von Artikeln funktioniert.

Abstraktion: Deliberation verbessert die komplexe Realität, indem sie Klassen im Lichte ihrer Grundelemente darstellt und gleichzeitig die überflüssigen Feinheiten verbirgt. Es ähnelt der Verwendung eines Controllers, ohne zu wissen, wie die interne Hardware funktioniert. Man muss die komplexen Feinheiten nicht kennen, um es wirklich nutzen zu können.

Wir sollten diese Ideen mit einem einfachen Python-Codemodell zeigen:

Python
Doppelter Code
Klasse Kreatur:
    def _ init _(self, name):
self.name = Name

    def speak(self):
passieren

Klasse Hund (Tier):
    def speak(self):
return f"{self.name} sagt Woof!"

```python
Klasse Katze (Tier):
    def speak(self):
return f"{self.name} sagt Whimper!"

# Objekte herstellen
canine = Hund("Buddy")
feline = Katze("Schnurrhaare")

# Verwendung von Polymorphismus zum Aufrufen der Gesprächsstrategie
für Kreatur in [Hund, Katze]:
print( animal.speak ())
```

In diesem Modell haben wir eine Basisklasse „Creature" mit einer Gesprächsstrategie und zwei Unterklassen, „Hunde" und „Feline", die jeweils ihre eigene Gesprächsausführung bieten. Dies zeigt Vermächtnis und Polymorphismus.

Als Essayist und Verfasser können Sie diese Ideen auf eine Art und Weise interpretieren, die für Ihre Lektüre offen ist, indem Sie echte Modelle und vernünftige Anwendungen liefern. Das Verständnis von OOP ist für jeden Softwareentwickler von entscheidender Bedeutung, und Ihre Fähigkeit, diese Ideen zu vermitteln, wird offensichtlich eine wichtige Ressource bei Ihren Kompositions- und Vertriebsversuchen sein.

Aufnahmeverwaltung in Python

Python bietet einige grundlegende Funktionen und Strategien für den Umgang mit Datensätzen. Diese Fähigkeiten ermöglichen es Ihnen,

Dokumente zu lesen und in sie zu schreiben, was besonders nützlich für die Handhabung und Überwachung von Texten oder Informationen ist, mit denen Sie bei Ihren Kompositions- und Vertriebsprojekten arbeiten.

Hier sind die wichtigsten Aktivitäten im Zusammenhang mit der Datensatzverwaltung in Python:

Ein Dokument öffnen:
Um mit einem Datensatz zu kommunizieren, sollten Sie ihn zunächst öffnen. Aus diesem Grund stellt Python die Funktion open() zur Verfügung. Sie können den Namen und den Modus des Dokuments angeben („r" für „Lesen", „w" für „Erstellen", „a" für „Hinzufügen" usw.).

Python

Doppelter Code

```
document = open("example.txt", "r")
```

Durchsicht eines Dokuments:

Um den Inhalt eines Dokuments zu lesen, können Sie Techniken wie read(), readline () oder readlines () verwenden.

Python

Doppelter Code

```
content = file.read ()
```

Mit einem Dokument in Kontakt bleiben:

Um ein Dokument zu erstellen oder zu ändern, können Sie es im Erstellungsmodus öffnen und Techniken wie compose() verwenden, um Inhalte hinzuzufügen.

Python

Doppelter Code
record = open("new_file.txt", "w")
file.write ("Dies ist ein Text.")
Ein Dokument schließen:
Dies ist von grundlegender Bedeutung, um einen Datensatz zu schließen, nachdem Sie mit ihm gearbeitet haben. Sie können dies mit der Strategie near() tun.

Python
Doppelter Code
file.close ()
Anhängen an ein Dokument:
Um Inhalte zu einem aktuellen Datensatz hinzuzufügen, ohne dessen fortlaufenden Inhalt zu überschreiben, können Sie ihn im Hinzufügen-Modus („a") öffnen.

Python
Doppelter Code

```python
document = open("existing_file.txt", "a")
```

file.write („Dieser Text wird an der äußersten Grenze des Dokuments hinzugefügt.")

Mit Artikulation (Setting Supervisor):

Python unterstützt die Verwendung der with-Proklamation, wodurch das Dokument geschlossen wird, wenn Sie damit fertig sind. Dies ist eine hilfreichere Methode zur Verwaltung von Dokumenten.

Python
Doppelter Code

```python
mit open("example.txt", "r") als Dokument:
content = file.read ()
# Dokument wird hier daher geschlossen
```

Fehler im Umgang mit:

Bei der Arbeit mit Datensätzen kann es zu dringenden Sonderfällen kommen, z. B. wenn ein Dokument nicht gefunden wird oder Probleme mit der Autorisierung auftreten. Hierzu können Sie Versuche mit Ausnahme von Blöcken einbeziehen.

Python
Doppelter Code
versuchen:
document   =
open("non_existent_file.txt", "r")
aber FileNotFoundError :
print("Der Datensatz existiert nicht.")

Arbeiten mit Textdatensätzen:
Bei Textdateien ist es häufig sinnvoll, Zeile für Zeile durchzulesen oder zu verfassen. Sie

können einen For-Kreis verwenden, um die Linien zu wiederholen.

Python
Doppelter Code

```python
mit open("text_file.txt", "r") als Dokument:
für Zeile im Dokument:
drucken(Zeile)
```

Stellen Sie sicher, dass Sie diese Dokumentpflegeverfahren bei Ihren Kompositions- und Vertriebsprojekten von Fall zu Fall anwenden, unabhängig davon, ob Sie mit Inhalten, Informationen oder Designunterlagen arbeiten. Ein legitimes Dokument des Vorstands ist von grundlegender Bedeutung, um die Vertrauenswürdigkeit Ihrer Arbeit aufrechtzuerhalten.

High-Level-Punkte in Python

Dekoratoren: Mit Python-Dekoratoren können Sie das Verhalten von Funktionen oder Techniken ändern. Sie werden häufig für Aufgaben wie Protokollierung, Genehmigung und Merken verwendet . Das Verstehen von Dekorateuren kann Ihnen dabei helfen, abgeschiedeneren und saubereren Code zu verfassen.

Generatoren und Iteratoren : Diese

sind für den effektiven Speicher des Boards und die Arbeit mit riesigen Datensätzen von grundlegender Bedeutung. Generatoren bilden Iteratoren und können bei der Verwaltung von Informationsfolgen eine wesentliche Rolle spielen.

Metaklassen : Metaklassen bieten

eine Methode zur Charakterisierung

des Designs und der Durchführung von Klassen. Sie sind besonders hilfreich beim Aufbau von Strukturen oder beim Erstellen von Codierungsrichtlinien für Ihre Aufgaben.

Gleichzeitigkeit und Parallelität: Python bietet verschiedene Möglichkeiten, mit Strings und Zyklen für gleichzeitige und gleichwertige Programmierung zu arbeiten. Die Stringing- und Multiprocessing-Module sind in dieser einzigartigen Situation von grundlegender Bedeutung.

Asyncio : Vorausgesetzt, dass Sie sich für ausgefallene Programmierung interessieren, können Sie mit der Asyncio-Bibliothek ausgefallenen, nicht behindernden Code verfassen, der beim Erstellen reaktionsfähiger Anwendungen äußerst hilfreich sein kann.

Für die Erstellung von fundiertem und brauchbarem Code ist es von entscheidender Bedeutung, zu verstehen, wie Python mit Variablenerweiterungen und -terminationen umgeht . Dies ist eine Grundidee des fähigkeitsbasierten Ansatzes von Python.

Normale Artikulationen: Gewöhnliche Artikulationen sind eine große Bereicherung für die Textverarbeitung. Zu wissen, wie man sie nutzt, kann bei der Verwaltung textbasierter Informationen eine entscheidende Ressource sein.

Informationen auf hohem Niveau Designs : Python bietet einige übergeordnete Informationsstrukturen wie Sets, NamedTuples und Defaultdicts , die Ihren Code effektiver und ausdrucksvoller machen können.

Informationsdatenbanken und ORM : Vorausgesetzt, Sie beschäftigen sich mit Webentwicklung oder informationsgesteuerten Anwendungen, ist es wichtig zu verstehen, wie man mit Datensätzen arbeitet, einschließlich der Verwendung von ORM-Bibliotheken (Article Social Planning) wie SQLAlchemy .

Testen und Untersuchen : Teststrategien auf hohem Niveau, zum Beispiel Unit-Tests, Tests und testgetriebene Verbesserung (TDD), können dabei helfen, die Qualität und Zuverlässigkeit Ihres Codes sicherzustellen.

Lassen Sie mich wissen, ob Sie eines dieser Themen detaillierter untersuchen möchten oder ob Sie eine bestimmte Anfrage im Zusammenhang mit Ihrer Kompositions- oder Vertriebsarbeit haben.

- Python ist eine flexible Programmiersprache, die aufgrund ihrer Einfachheit, Verständlichkeit und einer breiten Palette an Bibliotheken häufig zur Webverbesserung eingesetzt wird.

- Websysteme: Python verfügt über einige Websysteme, die die Weiterentwicklungsinterakti on verbessern. Zwei der bekanntesten sind Django und Cup.

- Django : Django ist eine unbestreitbare Python-Webstruktur, die dem Prinzip „Batterien im Lieferumfang enthalten" folgt. Es bietet eine Menge impliziter Vorteile, einschließlich eines Administrator-Boards, einer Kundenbestätigung und eines ORM- Frameworks (Article Social Planning). Dies macht es zu einer außergewöhnlichen

Entscheidung für größere, komplexere Aufgaben.

- Flask: Flagon ist ein Miniatursystem, und das bedeutet, dass es moderater ist und Ihnen mehr Kontrolle über die Teile gibt, die Sie verwenden müssen. Es ist unglaublich für bescheidenere Unternehmungen und Modelle.

- Informationsbasisabgleich: Python koordiniert einwandfrei mit verschiedenen Informationsdatenbanken. Sie können SQLite für einfache Anwendungen, PostgreSQL , MySQL oder sogar NoSQL- Datensätze wie MongoDB verwenden , je nach den Anforderungen Ihrer Aufgabe.

- Front-End-Verbesserungen: Um auf Websites zeichnen zu können, müssen Sie HTML, CSS und JavaScript im Zusammenhang mit Python verwenden. Bibliotheken wie Jinja2 werden im Allgemeinen für die Vorlagenerstellung verwendet , um Python-Code in HTML-Layouts einzufügen.

- Beruhigende APIs: Python kann zum Erstellen von Serene-APIs verwendet werden, die es Ihren Webanwendungen ermöglichen, sich mit externen Verwaltungen oder anderen Anwendungen zu verbinden.

- Bereitstellung: Für die Bereitstellung Ihrer Python-Webanwendungen stehen Ihnen mehrere Optionen zur Verfügung. Zu den bekannten Lösungen gehören Phasen wie Heroku , AWS oder die Einrichtung eines eigenen Servers mit Nginx und Gunicorn oder uWSGI .

- Content Administration Frameworks (CMS): Wenn Sie mit der Verbreitung beschäftigt sind, sollten Sie ernsthaft darüber nachdenken, Python-basierte CMS wie Wagtail oder

Mezzanine zu verwenden, die für eine reibungslose Verwaltung und Verbreitung sorgen können.

- Sicherheit: Websicherheit ist unerlässlich. Python verfügt über Bibliotheken wie das Security Information System (SKF) von OWASP und verschiedene Bestätigungsstrukturen, die Sie beim Abrufen Ihrer Anwendungen unterstützen.

- Skalierbarkeit: Überlegen Sie, wie Ihre Website mit der Entwicklung Ihrer Leserschaft skaliert. Python eignet sich sowohl für kleine als auch für große Unternehmungen, Sie müssen jedoch Designentscheidungen unter Berücksichtigung der Vielseitigkeit treffen.

- SEO: Die Verbesserung der Website ist für Distributoren von grundlegender Bedeutung. Python-Bibliotheken wie Delightful Soup und Scrapy können Ihnen dabei helfen, Informationen zur Verbesserung des Website-Designs zu kratzen und zu analysieren.

- Inhaltsübermittlung: Bei der Verbreitung von Inhalten kann eine Substanzübertragungsorganisation (CDN) dabei helfen, Inhalte schneller an Kunden zu übermitteln. Python kann zur Überwachung und Mechanisierung von CDN-bezogenen Aufgaben verwendet werden.

- Stellen Sie sicher, dass Ihr Inhalt einzigartig und ansprechend bleibt, denn bei Ihrer Arbeit als Essayist und Verleger geht es nicht nur um die speziellen Aspekte der Webentwicklung, sondern auch darum, Inhalte zu erstellen, die Ihr Publikum begeistern. Stellen Sie außerdem sicher, dass Sie bei Ihrer Arbeit immer die besten Praktiken befolgen und literarischen Diebstahl vermeiden.

Python für die Informationswissenschaft

Die Rolle von Python in der Informationswissenschaft lässt sich grob in die folgenden Bereiche unterteilen:

Informationskontrolle : Python bietet Bibliotheken wie NumPy und Pandas, die für die Informationskontrolle von grundlegender Bedeutung sind. Sie können darüber sprechen, wie diese Bibliotheken die Verarbeitung riesiger Datensätze, die Bereinigung von Informationen und Änderungen ermöglichen.

Informationsdarstellung : Matplotlib und Seaborn sind erstaunliche Hilfsmittel für die Erstellung von Informationsdarstellungen.

Verstehen Sie, wie diese Bibliotheken dabei helfen können, clevere Diagramme, Diagramme und Plots zu erstellen, um Informationsdrifts wirklich zu vermitteln.

Die Scikit -Learn-Bibliothek von Python wird häufig zum Erstellen von KI-Modellen verwendet. Untersuchen Sie die Bedeutung davon in der Informationswissenschaft und nennen Sie Beispiele für echte Anwendungen.

Tiefgreifendes Lernen : TensorFlow und PyTorch sind bekannt für tiefgreifende Lernprojekte. Sie können untersuchen, wie diese Bibliotheken Bereiche wie Bilderkennung und normale Sprachverarbeitung reformieren.

Von da an sind Ihnen keine Grenzen mehr gesetzt.

Informationsrecherche : Sprechen Sie über die Bedeutung von Jupyter-Notizblöcken für die intuitive Informationsrecherche und wie sie mit koordinierten Bemühungen von Informationsforschern funktionieren.

Einbindung von Informationsquellen : Python kann mit verschiedenen Informationsquellen kommunizieren, einschließlich Datensätzen und Web-APIs. Machen Sie sich klar, wie wichtig diese Fähigkeit in informationswissenschaftlichen Projekten ist.

Messbare Untersuchungen : Die SciPy- Bibliothek von Python ist von grundlegender Bedeutung für innovative messbare Untersuchungen. Sie können seinen Teil durch theoretische Tests und Rückfalluntersuchungen erweitern, von da an sind Ihnen keine Grenzen mehr gesetzt.

Enorme Informationen : Python kann mithilfe von Bibliotheken wie PySpark auch große Informationsprojekte verwalten . Teilen Sie Wissen darüber, wie sich Python in das große biologische Informationssystem einfügt.

Informationsmoral : Heben Sie die Bedeutung der Informationsmoral in informationswissenschaftlichen Projekten hervor, einschließlich Themen wie Informationssicherheit und Veranlagung. Sie sollten erläutern, wie Python dabei hilft, diese Bedenken auszuräumen.

Beruf in der Informationswissenschaft mit Python : Bieten Sie Anleitungen dazu, wie Menschen mit Python einen Beruf in der Informationswissenschaft aufbauen können, einschließlich empfohlener Lernmethoden und Ressourcen.

Leser sowohl als Essayist als auch als Verfasser von Bedeutung sein können . Dieser Ansatz wird Ihren Inhalt wirklich fesselnd und lehrreich machen.

Fazit :

- Dokumentation: Stellen Sie vor allem sicher, dass Ihr Code legitim ist. Verwenden Sie Bemerkungen, um die

Motivation hinter Ihren Fähigkeiten, Faktoren und komplizierten Begründungen zu verstehen. Dies hilft Ihnen und allen zukünftigen Designern, die an Ihrem Code herumbasteln würden.

- Testen: Führen Sie intensive Tests durch, um die Formtreue Ihrer Codefunktionen zu gewährleisten. Suchen Sie nach Grenzfällen und gehen Sie geschickt mit potenziellen Fehlern um. Beheben Sie alle Probleme, die während des Tests auftreten könnten.

- Codebereinigung: Bevor Sie Ihren Code fertigstellen, stellen Sie sicher, dass er perfekt und koordiniert ist. Beseitigen Sie sich wiederholenden oder nicht verwendeten Code. Dies fördert die Verständlichkeit und erleichtert die Wartung.

- Optimierung der Ausführung: Aktualisieren Sie bei Bedarf Ihren Code für die Ausführung. Dies könnte das Optimieren von Berechnungen, die Verringerung der Speichernutzung oder die Weiterentwicklung der Ausführungsgeschwindigkeit umfassen.

- Fehler beseitigen: Stellen Sie sicher, dass Ihr Code Sonderfälle und Fehler reibungslos verarbeitet. Versuchen Sie es mit Blockaden, um Abstürze zu verhindern und schwerwiegende Fehlermeldungen zu übermitteln.

- Folgende Etappen:
- Anpassungskontrolle: Erwägen Sie die Verwendung eines Rendition-Control-Frameworks wie Git . Auf diese Weise können Sie Änderungen verfolgen, mit anderen zusammenarbeiten und bei Bedarf effektiv zu früheren Formen zurückkehren.

- Code-Umfrage: Wenn Sie mit einer Gruppe arbeiten, führen

Sie direkte Code-Umfragen durch. Dies hilft dabei, erwartete Probleme aufzuspüren, die Codequalität weiterzuentwickeln und Informationen auszutauschen.

- Dokumentation für Kunden: Vorausgesetzt, Ihr Code soll von anderen genutzt werden, erstellen Sie eine leicht verständliche Dokumentation. Klären Sie, wie Sie Ihren Code verwenden, was er tut, und geben Sie Modelle an.

- Input und Betonung: Teilen Sie Ihren Code mit anderen und sammeln Sie Kritik. Nutzen Sie diese Kritik, um

Ihren Code ständig zu wiederholen und zu verbessern.

- Skalierung und Wartung: Planen Sie, was kommt. Falls Ihr Code für ein größeres Unternehmen unerlässlich ist, überlegen Sie, wie er skaliert werden kann und welche Wartung erforderlich ist.

- Sicherheitsüberlegungen: Erwägen Sie abhängig von Ihrem Projekt Sicherheitsmaßnahmen zum Schutz vor Schwachstellen und Informationsunterbrechungen.

- Bereitstellung: Wenn Ihr Code zur Erstellung verwendet werden soll, planen Sie dessen Organisation. Dies kann die Einrichtung von Servern, die Einrichtung von Informationsdatenbanken und die Gewährleistung der Vielseitigkeit umfassen.

- Gelernt: Bleiben Sie über die neuesten Fortschritte in Python und damit verbundene Innovationen auf dem Laufenden. Lernen ist ein konsistenter Zyklus im Bereich der Programmierung.

- Bedenken Sie, dass das Schließen Ihres Python-Codes nur ein Schritt auf dem Weg zur Weiterentwicklung der Programmierung ist. Eine sinnvolle Vorbereitung und die folgenden Schritte sind von grundlegender Bedeutung, um die Erfüllung und Lebensdauer Ihrer Aufgabe zu gewährleisten. Glückseliges Codieren!

Index

In Python wird die add()-Strategie grundsätzlich zum Hinzufügen von Komponenten zu Datensätzen verwendet. Datensätze sind eine flexible Informationsstruktur, die es Ihnen ermöglicht, eine Reihe von Dingen zu speichern. So können Sie add() nutzen:

Die add()-Technik ist explizit für Datensätze gedacht. Es ermöglicht Ihnen, Komponenten bis zum äußersten Ende einer Übersicht hinzuzufügen und so deren Länge zu vergrößern. Angenommen, Sie haben eine freie Übersicht:

Python
Doppelter Code
meine_liste = []
Um diesem Überblick Komponenten hinzuzufügen,

können Sie Annex() verwenden. Zum Beispiel:

Python
Doppelter Code
my_list.append (1)
my_list.append (2)
my_list.append (3)
Nach der Ausführung dieser Zeilen enthält my_list [1, 2, 3]. Die add()-Strategie ist besonders wertvoll, wenn Sie einen Überblick durch das Hinzufügen von Komponenten während der Ausführung Ihres Programms leistungsstark erstellen müssen.

Hier ist ein vernünftigeres Modell. Angenommen, Sie müssen Kundeninformationen sammeln und in einer Übersicht speichern:

Python

Doppelter Code
```
user_responses = []
solange gültig:
Reaktion = Eingabe("Geben Sie etwas ein (oder 'q' zum Anhalten):")
wenn Reaktion == 'q':
brechen
    user_responses.append (Antwort)
```
In diesem Code fügt die Annex()-Strategie den Beitrag des Clients zur Liste „user_responses" hinzu , bis er durch die Eingabe von „q" anhält.

Dies ist ein wichtiger Prolog zur Verwendung von add() in Python und eine unglaubliche Bereicherung für das Erstellen und Ändern von Datensätzen in Ihren Projekten. Wenn Sie spezielle Fragen haben oder weitere Details zu einem verbundenen Punkt benötigen, fragen Sie einfach nach, wenn es Ihnen nicht zu viel Mühe bereitet.